GUIDA JARROLD ALLA CATTEDRALE ED ALLA CITTÀ DI

CANTERBURY

GW01465340

Indice

Cartine

Pannelli informativi

DI FRONTE **Il magnifico Christ Church Gate nella cattedrale**

CANTERBURY

Ogni anno più di tre milioni di visitatori si recano a Canterbury per ammirare la magnifica cattedrale e assaporare la caratteristica atmosfera che si respira nelle antiche strade del centro storico, fiancheggiate da pittoresche abitazioni d'epoca medievale. Mentre si esplorano le vie del centro, le torri campanarie e i pinnacoli della cattedrale fanno spesso capolino sopra i tetti: è stato a Canterbury infatti che il cristianesimo si è fatto strada su suolo inglese 1400 anni fa, con l'arrivo di Sant'Agostino, e l'attuale cattedrale sorge proprio sulle fondamenta della chiesa da lui fondata nel 597. Seicento anni dopo, fu ancora qui che l'arcivescovo

Tommaso Becket venne ucciso da quattro cavalieri normanni, all'apice di una spietata lotta di potere tra monarchia e clero. Dopo l'assassinio, le reliquie di Becket divennero oggetto di venerazione per i miracolosi poteri di guarigione che venivano loro attribuiti e a Canterbury cominciarono ad arrivare pellegrini da tutta l'Inghilterra e da tutta Europa, recando ricchezza e benessere sia alla cattedrale sia alla città. Nel 1536, però, quando Enrico VIII si separò dalla Chiesa di Roma e fondò la Chiesa d'Inghilterra, Becket venne dichiarato un traditore e la tomba venne distrutta.

Dopo un periodo di prosperità derivato dall'industria laniera, Canterbury si trasformò in una tranquilla città di provincia, il cui carattere medievale non venne mai minacciato dalla rivoluzione industriale. Nel 1942 un quartiere nei pressi della cattedrale venne bombardato e, in seguito alla ricostruzione del dopoguerra, fu trasformato in un centro commerciale. Oggi a Canterbury si sposano antico e moderno e i visitatori possono toccare con mano 2000 anni di storia senza rinunciare ai comfort di una città moderna.

SOTTO La cattedrale di Canterbury può apparire davvero maestosa vista dal recinto, ma da qui ne sono visibili solo due terzi.

Storia

IL CAVALIERE

Canterbury occupa una posizione strategicamente importante, nel punto in cui la strada proveniente dalla costa del Kent Orientale attraversa il fiume Stour. Entrambe le rive del fiume erano abitate ben prima dell'arrivo dei romani, risalente al 43 d.C. La città romana, chiamata *Durovernum*, vale a dire 'fortezza tra gli ontani', divenne rapidamente una fiorente cittadina dove sostavano le diligenze provenienti dal porto di Richborough, nei pressi di Sandwich e dirette a Londra. Il centro di Durovernum era il cuore dell'attuale città, con il foro e la basilica vicino al punto dove oggi sorge il County Hotel, lungo la High Street. Alla fine del I secolo, la città vantava già un anfiteatro e due bagni pubblici, anche se non si ritenne necessario edificare nessuna fortificazione

SOTTO **Il centro di Durovernum (300 d.C. circa) dove l'anfiteatro dominava gli altri edifici della città. Il tempio, con portico, si trova alla destra dell'anfiteatro.**

fino alla fine del III secolo, quando i pirati sassoni cominciarono ad effettuare incursioni nell'entroterra. Fu solo allora che la città venne cinta da mura – e certo chi le progettò rimarrebbe lusingato se sapesse che molti secoli dopo le mura medievali seguono esattamente lo stesso tracciato.

Negli ultimi anni dell'Impero Romano a Canterbury vivevano dei cristiani praticanti, ma quando, all'inizio del V secolo, gli invasori sassoni riuscirono a incendiare e saccheggiare la città, l'abitato rimase abbandonato per oltre cento anni e il suo nome venne quasi dimenticato.

Fu solo nel VI secolo che la città rinacque con il nome di Cantwarabyrig,

A DESTRA L'effigie del Re Ethelbert (a sinistra) come appare sul portico della cattedrale. Sorregge un modellino della cattedrale sassone, purtroppo rovinato dagli agenti atmosferici. La statua della regina Bertha è sull'altro lato della porta. Le statue risalgono al 1862.

A SINISTRA Gli archeologi hanno provato che i Normanni eressero le prime fortificazioni sopra un tumulo sepolcrale romano. Conosciuta come Dane John (dal normanno 'Donjon'), la 'motte' venne rimodellata a forma di cono nel 1790, periodo in cui furono creati i giardini circostanti.

SOTTO Questa squisita scultura in rilievo che ritrae Sant'Agostino si può ammirare all'Heritage Museum.

ovvero 'terra degli uomini di Kent'. Nel 561 Ethelbert divenne re di Kent e benché all'epoca fosse solo un ragazzo – nonché pagano – si rivelò un monarca degno di stima, che regnò per ben 56 anni, attuando costantemente una politica espansionistica. Subito dopo essere salito al trono scelse Cantwarabyrig come capitale del regno, facendovi edificare un palazzo reale, dove andò ad abitare con la consorte Bertha, una principessa franca di fede cristiana, che come condizione del matrimonio pose la tolleranza della sua fede. Pare che inizialmente Bertha fosse solita andare a pregare a St. Martin's, una piccola chiesa edificata in epoca romana alla periferia della città, ma quando Agostino arrivò in Kent con l'intento di riconvertire l'Inghilterra, Bertha riuscì a convincere il marito a incontrare l'emissario di Roma e ad accoglierlo con generosità. Così Ethelbert divenne uno dei primi proseliti di Agostino e gli donò il terreno per costruire una cattedrale e un'abbazia.

La cattedrale sassone di Sant'Agostino resistette almeno 400 anni prima di essere rasa al suolo da un incendio nel 1067. Durante quel tempo, i cittadini di Canterbury furono spesso costretti a vivere nel timore delle incursioni, in quanto i ricchi arredi sacri e i grandi tesori della cattedrale e della vicina abbazia rappresentavano un bottino allettante per i briganti. Nell'839 e nell'850, i vichinghi saccheggiarono la città e i cittadini di Canterbury per avere salva la vita dovettero pagare il cosiddetto *Danegeld* (riscatto). Nel 1011 Canterbury subì un assedio di 20 giorni prima di essere consegnata al nemico da un traditore, il priore dell'abbazia di Sant'Agostino, che appiccò fuoco alle abitazioni situate nei pressi delle fortificazioni difensive. Ne seguì un massacro durante il quale l'arcivescovo Elphege offrì eroicamente la sua vita in cambio di quella dei bambini. Purtroppo il suo gesto fu inutile: si racconta che si salvarono soltanto 800 persone, mentre ben 8000 vennero uccise o vendute come schiavi.

Dopo aver invaso l'Inghilterra, nel 1066, i normanni imposero rapidamente il loro dominio sulle popolazioni locali, mettendo i loro uomini in tutte le posizioni di potere. Uno di loro, Lanfranco, nominato arcivescovo di Canterbury nel 1070, rimase molto deluso nello scoprire, al suo arrivo, che la cattedrale era stata distrutta da un incendio tre anni prima. Dotato di grande energia e di notevole spirito organizzativo, nel giro di sette anni costruì una nuova chiesa nonché nuovi alloggi nel monastero annesso alla cattedrale.

L'edilizia fioriva anche nel resto della città, e in particolare nel quartiere sudorientale dove intorno al 1100 si iniziò

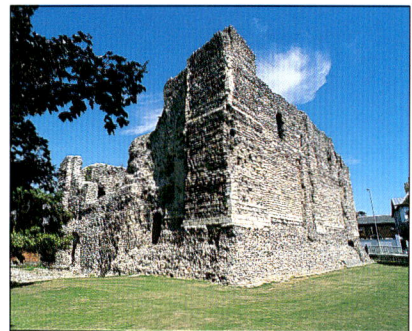

SOPRA Il castello di Canterbury, costruito circa nel 1120, fu conquistato nel 1216 dal Delfino francese e, nel 1381, dai ribelli di Wat Tyler.

a costruire un imponente castello al cui centro si ergeva un grande torrione, il quinto d'Inghilterra per grandezza e tra i primi a essere edificati in pietra, con muri spessi 2,5 metri. Fortunatamente, l'unico episodio bellico di cui fu testimone avvenne nel 1216, quando il castello si consegnò ai francesi senza che fosse stata tirata una freccia e che nemmeno una goccia di liquido bollente fosse stata versata sulla testa degli assedianti.

Nel 1174, l'assassinio dell'arcivescovo Tommaso Becket nella sua stessa cattedrale (vedi pag. 22-3) rappresentò la conclusione cruenta di una lotta di potere tra chiesa e stato. La tomba di Becket divenne il luogo di pellegrinaggio più popolare della cristianità e portò enorme prosperità all'arcivescovado e alla città di Canterbury. Si costruirono ampi alloggi per ospitare i pellegrini e il Chequer of Hope di Mercery Lane affermava di poter accogliere fino a 600 ospiti benché disponesse solo di 100 – enormi – letti!

Nei secoli XIV e XV si ricostruì la cinta muraria della città, seguendo fedelmente il tracciato delle fortificazioni romane e in alcuni casi incorporandone i resti. Il West

Gate (ingresso occidentale), il più imponente degli otto ingressi della città, fu progettato da Henry Yevele, il capomastro della navata della cattedrale, per l'arcivescovo Sudbury nel 1380. I lavori non erano ancora stati portati a termine quando, nel 1381, Wat Tyler capeggiò dei ribelli all'interno della città, saccheggiò il palazzo dell'arcivescovo, appiccò fuoco ai documenti civici e liberò i detenuti. Il West Gate si rivelò più efficace contro i ribelli che si presentarono alle porte della città nel 1450: quattrocento 'Yorkistas', sotto la guida dell'irlandese Jack Cade, tornarono sui propri passi dopo che il sindaco negò loro l'ingresso in città.

Le sorti di Canterbury declinarono rapidamente dopo il 1538, quando Enrico VIII chiuse tutti i monasteri e le abbazie. Entrambe le abbazie della città – quella di Christ Church, annessa alla cattedrale, e quella di Sant'Agostino – vennero 'disciolte' e le loro ricchezze andarono a far parte del tesoro della Corona. La tomba di Becket, incrostata d'oro e pietre preziose, venne distrutta (se ne ricavarono 20 carri carichi d'oro e d'argento) e le ossa che conteneva vennero date alle fiamme. Becket venne dichiarato un traditore e i pellegrini smisero di visitare la città, che bruscamente vide scomparire la principale fonte di reddito.

Fortunatamente più o meno nello

SOPRA Sono rimaste in piedi quasi metà delle mura originarie costruite intorno alla città, che si estendono dal Northgate al castello normanno.

I pellegrini di Geoffrey Chaucer venivano a Canterbury con spirito vacanziero, divertendosi alla grande, forse perché sapevano quanto fosse facile acquistare un'indulgenza che perdonasse i loro peccati. I pellegrini giungevano a Canterbury da tutto il mondo cristiano soprattutto per vedere la tomba di San Tommaso Becket martire, ed avevano altresì l'opportunità di vedere anche altre reliquie nella cattedrale – tra cui le braccia di undici santi e la testa di altri tre!

A SINISTRA Il West Gate visto da St. Dunstan's (1828). Qui si rifugiavano i viaggiatori medievali quando venivano chiuse le porte della città per il coprifuoco. Chi rimaneva fuori doveva alloggiare in una locanda di St. Dunstan's.

stesso periodo, gruppi di Ugonotti in fuga dalle Fiandre iniziarono a stabilirsi in città, portandovi nuovi mestieri e manifatture tessili di grande pregio. Nonostante nel 1553, con l'ascesa al trono della regina cattolica Maria, gli Ugonotti tornassero sul continente europeo, essi si ripresentarono in Inghilterra cinque anni dopo, quando Elisabetta I restaurava la fede protestante.

I primi anni del XVII secolo videro una modesta rinascita della cittadina. I rifugiati Ugonotti vi fondarono numerose attività e, oltre alle manifatture di seta e lana, dai Paesi Bassi arrivarono argentieri, birrai, fabbricanti di carta e dentisti. Nel momento di massimo flusso migratorio, a Canterbury gli Ugonotti erano quasi più numerosi degli inglesi, anche se in un primo tempo non potevano possedere beni immobili.

Quando scoppiò la guerra civile, nel 1642, furono soprattutto gli abitanti più poveri di Canterbury a sostenere Cromwell. Un distaccamento delle teste tonde (i puritani aderenti al partito parlamentare) occupò la città e distrusse la statua di Cristo nel Christ Church Gate. La nicchia rimase vuota per 350 anni finché, nel 1992, non vi fu posta l'attuale statua, opera di Klaus Ringwald. Al contrario la vetrata medievale fatta cadere dalle gloriose finestre della cattedrale da

A SINISTRA **La statua del Cristo Benedicente, realizzata da Klaus Ringwald, fu collocata nella nicchia centrale del Christ Church Gate nel 1992.**

Christopher Marlowe nacque a Canterbury nel 1564 e venne battezzato nella chiesa di San Giorgio. Figlio di un calzolaio, studiò alla King's School di Canterbury e poi al Corpus Christi College di Cambridge. Da ragazzo, guardava gli attori girovaghi recitare nei cortili delle locande di Canterbury e nel 1587 si unì alla compagnia di attori del Conte di Nottingham, a Londra, per la quale scrisse una serie di opere teatrali, come *Tamerlano, il Grande*. Maestro del verso sciolto, collaborò forse con Shakespeare nella redazione delle sue prime commedie e tradusse i poeti latini Ovidio e Lucano. Probabilmente rimase coinvolto in una storia di spionaggio per il governo e morì in circostanze misteriose in una locanda di Deptford nel 1593. L'incisione (sopra) mostra il Dottor Faust mentre evoca il diavolo.

un fanatico puritano, 'Blue Dick' Culmer, non è mai stata adeguatamente rimpiazzata, come pure le centinaia di magnifiche figure scolpite di santi e angeli, danneggiate nello stesso periodo.

Ben presto Canterbury rimase delusa a tal punto dal puritanesimo che nel 1647 il popolo acclamò il re Carlo ribellandosi al sindaco dopo che quest'ultimo aveva tentato di vietare le celebrazioni di Natale. La sommossa venne sedata, ma il malcontento scoppiò di nuovo l'anno seguente, prima che i monarchici venissero sconfitti dal generale Fairfax nella battaglia di Maidstone. Nel 1651, quando Cromwell visitò la città, Canterbury era un'ardente partigiana delle forze parlamentari.

Il dominio puritano a Canterbury ebbe fine nel 1659, quando la folla inferocita impiccò il governatore della città a una finestra del West Gate. Nel 1660 Carlo II, di ritorno dall'esilio, attraversò la città in trionfo diretto a Westminster per l'incoronazione.

Nel XVIII secolo, visitando Canterbury,

SOPRA **Le Weavers' Houses (case dei tessitori) nella High Street si affacciano sull'Eastbridge.**

The North Prospect of CANTERBVRY

SOPRA **Veduta di Canterbury (XVIII sec.), dal lato settentrionale.**

SOTTO **Questa immagine tratta dalle *Illustrated London News* mostra la linea ferroviaria diretta a Dover (1846) e il passaggio a livello di St. Dunstan's che allora – come oggi – attraversava la strada.**

Daniel Defoe espresse l'opinione che le antiche abitazioni medievali costituissero la cosa più bella della cittadina, ma fu prima che la Commissione di Viabilità, riunitasi per la prima volta nel 1787, allargasse le strade e facesse demolire la maggior parte degli ingressi della città con l'intento di rendere il traffico più scorrevole. Parte del carattere medievale di Canterbury andò perduto in questi 'interventi migliorativi' che modificarono le facciate degli edifici eliminando i pittoreschi bovindi, i piazzali e i portici, che li rendevano tutti diversi l'uno dall'altro. A quell'epoca, Canterbury era diventata capoluogo di contea e centro di mercato, anche se la maggior parte degli affari religiosi si svolgevano a Lambeth e alcuni arcivescovi non avevano mai messo piede nel palazzo arcivescovile di Canterbury.

Alla fine del XVIII secolo, la minaccia rappresentata dai francesi rese Canterbury strategicamente importante. Vi furono edificate caserme atte ad ospitare la bellezza di 5000 soldati, su una superficie più vasta della città stessa. William Cobbett, giuntovi nel 1823 (esattamente cento anni dopo Defoe), trovò il panorama della città totalmente rovinato dagli 'sterminati baraccamenti' che circondavano le antiche mura.

Canterbury ebbe un ruolo fondamentale nello sviluppo della ferrovia. Fu qui che nel 1830 la prima ferrovia del paese collegò la città con il piccolo porto di Whitstable (9,5 km a nord) e fu sempre qui che venne inaugurata la prima linea passeggeri (battendo Manchester e Liverpool di cinque mesi), anche se per arrivare in cima al ripido altopiano di Blean le carrozze passeggeri dovevano essere collegate a motori fissi in due punti. La locomotiva *Invicta*, progettata dai fratelli Stephenson e attualmente esposta al Canterbury Heritage Museum, forniva la forza motrice necessaria per il tragitto settentrionale.

THE RAILWAY ACROSS ST. DUNSTAN'S-STREET, CANTERBURY.

In epoca vittoriana e fino allo scoppio della seconda guerra mondiale Canterbury conobbe un periodo di crescita continua, anche se non eccezionale. Tale tranquillità venne interrotta bruscamente la notte del 1° giugno 1942 – festa della SS. Trinità – quando i bombardieri tedeschi attaccarono la città. Benché 15 bombe ad alto potenziale esplosivo danneggiassero gravemente i dintorni della cattedrale e innumerevoli bombe incendiarie cadessero sul tetto (e fossero gettate a terra da coraggiosi pompieri), miracolosamente l'edificio non subì alcun danno. In compenso quasi un quarto del centro storico andò distrutto e oggi il campanile della chiesa di San Giorgio si erge in mezzo agli edifici realizzati nel dopoguerra quale unico ricordo della preesistente chiesa parrocchiale.

Già prima dell'inizio del XX secolo, erano molti i lavoratori pendolari che si trasferivano giornalmente da Canterbury a Londra in treno. Questo, con la crescita di importanza della città quale centro regionale e l'istituzione dell'Università del Kent nel 1962, ha spinto la città a svilupparsi verso l'esterno, e oggi sui terreni precedentemente occupati dalle caserme e dalle piazze d'armi sorgono moderni nuclei residenziali. Come tutte le università degli anni '60, quella di Canterbury è stata edificata in una zona verde, per la precisione in cima alla collina di St. Tommaso, dalla quale si gode una splendida vista sulla città e sulla magnifica cattedrale. La fondazione dell'Università rappresenta il perseverare della tradizione della scuola di Canterbury, istituita da Teodoro di Tarsus, settimo arcivescovo di Canterbury, nel VII secolo.

SOTTO **Il parco alberato dell'Università del Kent a Canterbury offre una splendida prospettiva da cui si gode la vista della città.**

La cattedrale

IL PADRE SPIRITUALE DELLA MONACA

Arrivando alla cattedrale attraverso il magnifico Christ Church Gate si gode una vista mozzafiato di questo splendido edificio. Il Gate stesso fu costruito tra il 1517 e il 1520, una ventina d'anni prima che Enrico VIII facesse abbattere l'abbazia di Christ Church, annessa alla cattedrale. I portoni lignei sono sormontati dalle insegne dell'arcivescovo Luxon e quindi si fanno risalire al 1660. Fu il principe Arturo, fratello maggiore di Enrico, deceduto nel 1502 durante la sua luna di miele all'età di 15 anni, che finanziò la costruzione del Christ Church Gate ed è il suo stemma che ne decora il lato esterno, mentre il lato che dà verso la cattedrale è liscio. Subito dopo il Gate c'è una fila di gradevoli case in legno, ma è la cattedrale che cattura l'attenzione del visitatore.

Le dimensioni della cattedrale non sono immediatamente percepibili perché inizialmente l'estremità orientale dell'edificio rimane nascosta e l'occhio viene irresistibilmente attratto da Bell Harry, la torre campanaria centrale, alta quasi 76 m. Risalente alla fine del XV secolo, è la parte più recente della cattedrale, e la sua facciata in pietra nasconde 1 milione e mezzo di mattoni (allora si trattò del primo edificio importante a essere costruito in mattoni dall'epoca romana).

SOTTO **La cattedrale e i tetti di Canterbury visti dal Marlowe Theatre.**

SOPRA **Il Christ Church Gate costituisce un maestoso ingresso ai recinti della cattedrale. La sua elaborata decorazione con innumerevoli stemmi araldici celebra l'ultimo mecenate dell'abbazia, il giovane Principe Arturo, fratello di Enrico VIII.**

SOPRA **Questo singolare villino accanto al Christ Church Gate era un tempo la casa del custode.**

A DESTRA **Veduta mozzafiato della navata.**

SOTTO A DESTRA **Guardate verso l'alto per ammirare la volta a ventaglio sotto la torre di Bell Harry.**

Entrando nella cattedrale dal portico posto all'estremità occidentale della navata il visitatore si trova immediatamente di fronte allo spettacolo degli slanciati pilastri che guidano lo sguardo verso il cielo, fino alle elaborate volte a edera del soffitto. La navata centrale rappresenta uno dei maggiori capolavori dell'architettura medievale, anche se è una delle parti più recenti della cattedrale. Realizzata nel 1400 circa, è opera di Henry Yevele, il capomastro di Edoardo III, cui si deve anche la navata dell'abbazia di Westminster.

A SINISTRA **Questa effigie di Henry Yevele, capomastro che per 28 anni lavorò nella cattedrale, si trova in una delle bugne del tetto del chiostro.**

SOPRA La bellissima Chapel of Our Lady (cappella di Nostra Signora) nella cripta.

SOTTO Alcuni esempi delle splendide sculture che decorano i capitelli della cripta normanna e della St. Gabriel's Chapel (cappella di San Gabriele).

Per visitare la parte più antica della cattedrale, la cripta, si percorre il centro della navata, si seguono le frecce che indicano a sinistra, si salgono i gradini e si oltrepassa l'Altar of the Sword's Point (altare della spada), nel transetto settentrionale, che segna il punto dove fu ucciso Becket. Poco oltre si vedranno i gradini che conducono alla cripta, riservata al silenzio e alla meditazione.

Una volta scesi nella cripta si passa davanti alla Chapel of Our Lady (cappella di Nostra Signora), parzialmente nascosta da un delicato tramezzo in pietra risalente al 1380 circa, per poi giungere nella cripta della Trinity Chapel, che risale alla ricostruzione della chiesa portata a termine alla fine del XII secolo da William l'Inglese. Fatto il giro dell'estremità orientale della cripta, si ritorna alla cripta iniziale: da questa posizione se ne può ammirare meglio la magnificenza. Tutto ciò che rimane della cattedrale del 1070–77, costruita dall'arcivescovo Lanfranco, sono le 22 massicce colonne, molte delle quali decorate, che sostengono il sovrastante coro. Gli elaborati capitelli figurati, fra i più belli del periodo, raffigurano per la maggior parte bizzarre creature in lotta fra loro. Meno aggressivi sono gli animali che suonano strumenti musicali ritratti sui capitelli della St. Gabriel's Chapel (Cappella di San Gabriele). Degne

SOTTO Il pulpito del XV secolo (recinto del coro) si presenta in tutta la sua maestosità con angeli e stemmi araldici posti sopra le sculture di sei re, che andarono a sostituire quelle dei 'dodici santi con la mitra', distrutte all'epoca della Riforma.

di nota anche le finestre della cripta, con splendide vetrate istoriate. Inutile dirlo, pochissime cripte vantano finestre e l'altezza di questa spiega perché il lato orientale della cattedrale è il più alto della navata. L'estremità occidentale della cripta racchiude il tesoro della cattedrale.

Uscendo dalla cripta dai gradini che portano al transetto meridionale, si sale ancora qualche gradino per raggiungere il pulpito, o 'Screen of the Six Kings'

(recinto dei sei re), che separa il coro dalla navata, il cui nome deriva dalle imponenti statue raffiguranti sei re (probabilmente, da sinistra a destra: Enrico V, Riccardo II, Ethelbert, Edoardo il Confessore, Enrico IV e Enrico VI). Originariamente il recinto raffigurava anche le figure di dodici santi, con indosso la mitra, ma queste ultime furono distrutte dai vandali di Cromwell. Prima di entrare nel coro non si

SOTTO Vista dall'estremità occidentale del coro, la prospettiva delle svettanti colonne spinge lo sguardo del visitatore verso la Trinity Chapel, costruita per accogliere la tomba di San Tommaso Becket.

dimentichi di dare un'occhiata al soffitto per ammirarne le elaborate volte a ventaglio, alte 38 m.

Il coro venne raso al suolo da un incendio nel 1174, a soli quattro anni dall'assassinio di Becket, ma la sua salma era stata sepolta nella cripta e non subì alcun danno. I lavori di ricostruzione del coro ebbero inizio due anni dopo l'incendio, sotto la direzione del francese Guillaume de Sens. Sfortunatamente, nel 1178, mentre stava per dare inizio alla volta, Guillaume de Sens cadde da un'impalcatura di legno alta 15 m e si ferì

così gravemente che fu costretto a ritornare in Francia. Il compito di portare a termine il coro fu affidato ad un monaco, Guglielmo l'Inglese (così chiamato per distinguerlo da Guillaume de Sens), che realizzò la Trinity Chapel, progettata per accogliere la tomba di Tommaso Becket, alla quale si accede attraversando le grandi arcate poste dietro l'altare maggiore.

I visitatori solitamente lasciano il coro e entrano nella navata settentrionale oltrepassando la tomba di Enrico IV e della consorte, che separa la navata

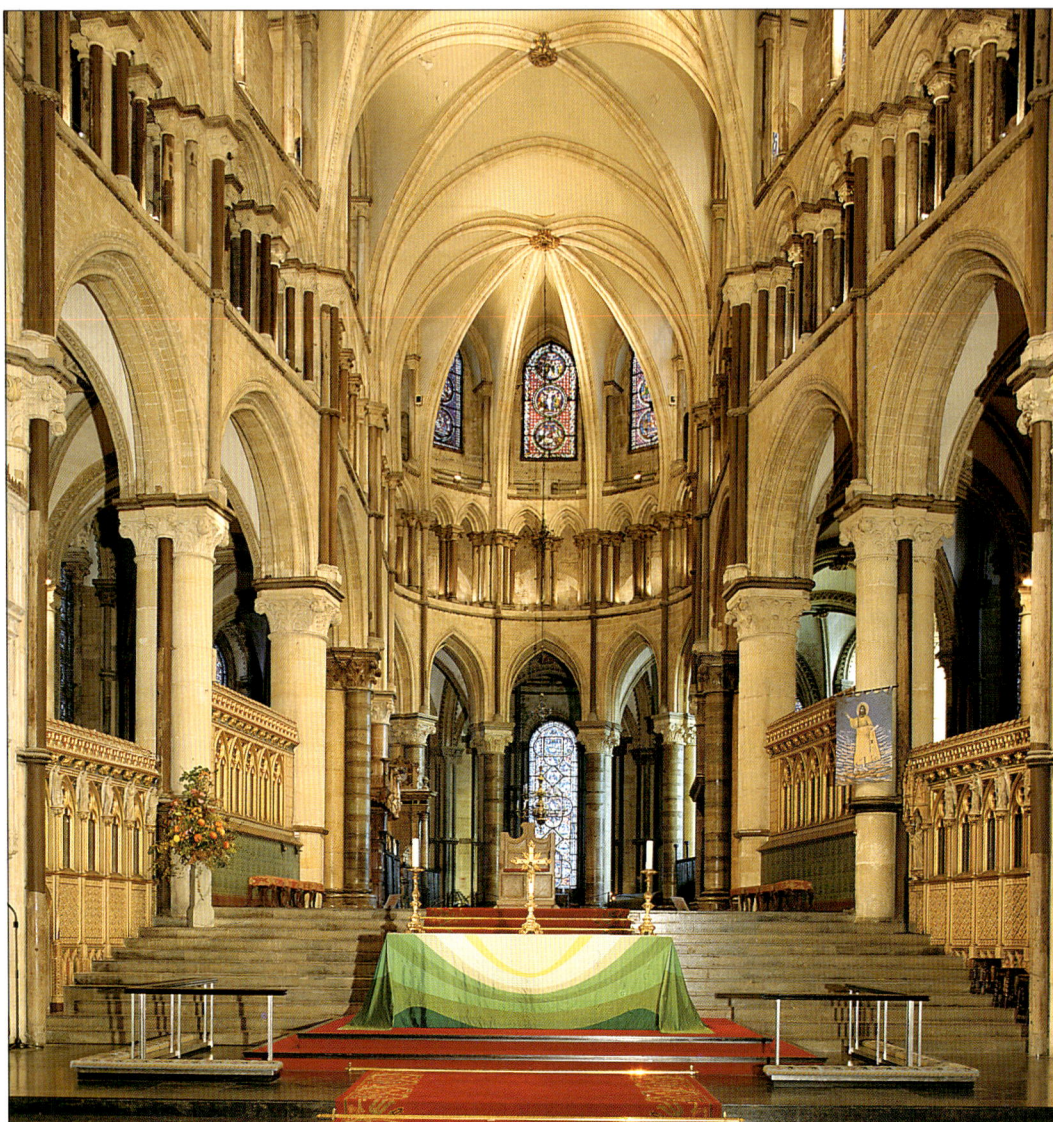

A DESTRA **La Miracle Window (vetrata dei miracoli) nella navata a nord della Trinity Chapel mostra scene dei miracoli attribuiti a San Tommaso Becket, attorno alle immagini dei pellegrini in visita alla tomba (al centro).**

SOTTO **Il Principe Nero (m. 1376) era il maggiore dei figli di Edoardo III; prima delle campagne in Francia, era un abituale visitatore della tomba di San Tommaso Becket.**

dalla Trinity Chapel. Sull'altro lato della navata, magnifiche vetrate istoriate illustrano i miracoli attribuiti a San Tommaso e la sua tomba. La cappella posta all'estremità orientale della cattedrale è chiamata 'Corona' perché era qui che veniva conservata un'importante reliquia, la calotta cranica di Becket (in inglese 'corona'), fatta a pezzi da una spada normanna. La tomba del Principe Nero, effigiato in armatura, si trova sul lato meridionale della Trinity Chapel, di fronte a quella del nipote, Enrico IV. La cappella dedicata ad Anselmo, un po' più oltre, vanta un affresco del XII secolo molto ben conservato, raffigurante San Paolo nell'atto di scacciare (continua a pag. 18)

Una passeggiata a Canterbury

Questo percorso ci svela i punti più belli e caratteristici di Canterbury, partendo dal Christ Church Gate. La durata del percorso dipende dal tempo che il visitatore vorrà dedicare alle diverse attrazioni, ma comunque dovrebbe durare poco più di un'ora.

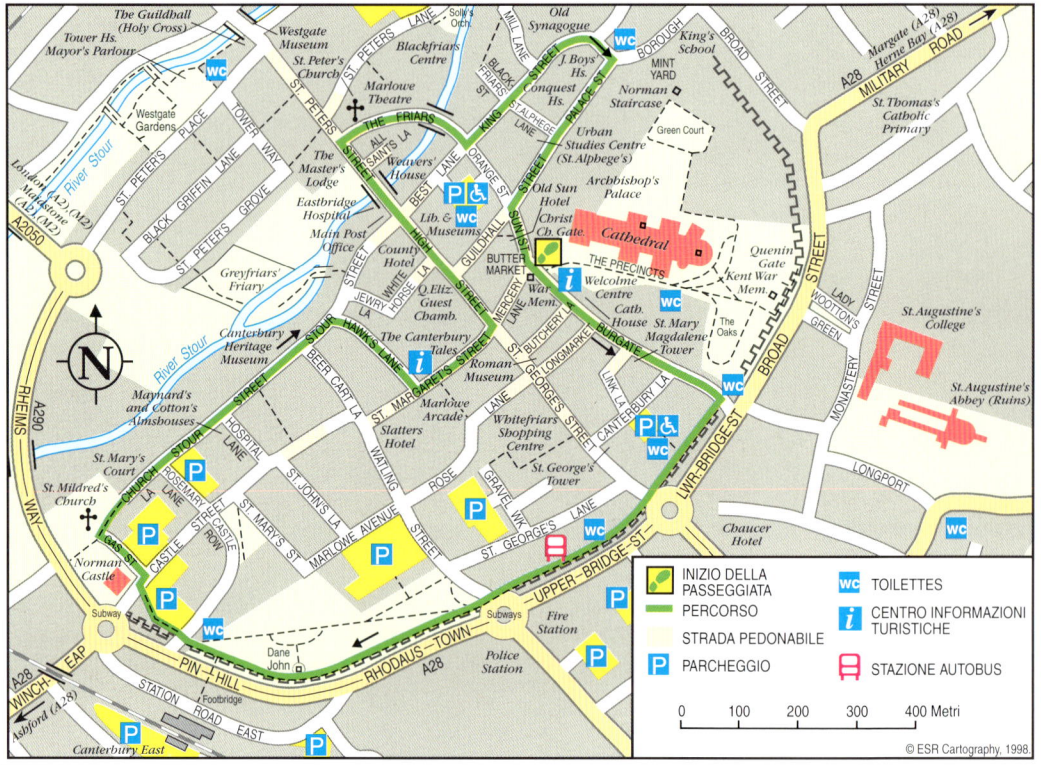

Legenda mappa:

- INIZIO DELLA PASSEGGIATA
- PERCORSO
- STRADA PEDONABILE
- PARCHEGGIO
- WC TOILETTES
- i CENTRO INFORMAZIONI TURISTICHE
- STAZIONE AUTOBUS

0   100   200   300   400 Metri

© ESR Cartography, 1998.

La passeggiata comincia all'esterno del **Christ Church Gate** (*a destra*) (pag. 10) – il magnifico ingresso che porta alla cattedrale, costruito tra il 1517 e il 1520.

Lasciandovelo alle spalle, girate a sinistra dopo il monumento ai caduti e prendete Burgate – la parte della città più danneggiata dai bombardamenti del 1942. Continuate lungo Burgate oltrepassando la torre della chiesa di S. Maria Maddalena. Alla fine della strada girate a destra seguendo il cartello 'City Walls Walk', rimanete all'interno delle mura e oltrepassate la pittoresca Zoar Baptist Chapel, del 1845 (*a destra*),

che occupa un antico bastione delle mura. Queste fortificazioni furono originariamente costruite dai romani, ma le **mura medievali** (pag. 6), che avevano otto ingressi e 21 torri, vennero edificate lungo lo stesso tracciato. Prendete il sottopassaggio per attraversare St. George's Street e poi salite sulle mura.

La City Walls Walk attraversa Watling Street, la strada romana che conduceva in città attraverso il Ridingate. Continuate un po' più oltre per avere una bella vista sui Dane John Gardens, giardini progettati da Alderman

James Simmons nel 1790, dove potrete ammirare una schiera di case in stile Reggenza. Le mura fiancheggiano un terrapieno, **Dane John** (*sopra*) (pag. 4), luogo di sepoltura dell'età del ferro successivamente rimodellato a forma di cono da Alderman Simmons, del quale potete ammirare la statua.

La City Walls Walk termina dove una passerella attraversa la strada principale e porta alla stazione di Canterbury Est. Rimanete all'interno delle mura, discendete la rampa sulla destra e attraversate Castle Row dirigendovi verso il vicolo di Don John House che conduce a Castle Street e al **castello** (pag. 5, 27). Seguite Gas Street, sulla destra del castello, fino alla **chiesa di St. Mildred** (pag. 24).

Dopo la chiesa, girate a sinistra prendendo Church Lane, che conduce a Stour Street. Continuate a diritto oltrepassando il Maynard's Spittal sulla destra – una fila di ospizi per i poveri a un piano – e arrivate al Poor Priests' Hospital, sulla sinistra, oggi **Canterbury Heritage Museum** (pag. 28). Dopo aver oltrepassato l'edificio, girate a destra seguendo il cartello Tourist Information Centre. Alla fine della strada girate a sinistra, in St. Margaret's Street. Sia il Tourist Information Centre che la chiesa di St. Margaret, che ospita una presentazione audiovisiva su **Chaucer e i Racconti di Canterbury** (pag. 25), si trovano sulla sinistra. Girate a sinistra in High Street e oltrepassate la **Queen Elizabeth Guest Chamber** (Camera della Regina Elisabetta) (*sopra*) (pag. 27) sulla sinistra e il **Royal Museum and Art Gallery**

(pag. 29), sulla destra. Un po' più oltre, attraversate il King's Bridge, sul fiume Stour. Le **Old Weavers' Houses** (pag. 7, 26) si affacciano sul fiume a questa altezza, mentre l'**Eastbridge Hospital** (*a sinistra*) (pag. 26) si trova di fronte, sulla sinistra.

Girate a destra, nei Friars, e oltrepassate il monumento a **Christopher Marlowe** (*a destra*) (pag. 7) e il teatro che porta il suo nome. Dopo aver attraversato di nuovo il fiume girate a sinistra all'incrocio con King Street. All'incrocio successivo guardate verso sinistra per

vedere l'antico Monastero dei Domenicani. La vecchia sinagoga è nascosta sulla sinistra subito prima che King Street giri verso destra per oltrepassare la **Sir John Boys' House** (*sopra*) (pag. 27).

Girate a destra in Palace Street, che prende il nome dal palazzo dell'arcivescovo, nascosto dietro gli edifici sulla sinistra. **Conquest House** (pag. 27), sulla destra, sembra che sia stata il luogo di ritrovo degli assassini di Becket. La chiesa di St. Alphege (*a destra*), che oggi ospita il Canterbury Environ-

ment Centre, è sulla vostra destra, mentre subito dopo trovate la **Tudor House** (pag. 27), facilmente riconoscibile per la decorazione grottesca alle estremità delle travi portanti. Sulla sinistra, prima dell'incrocio, trovate il Beaus Restaurant, un tempo chiamato **Mayflower Restaurant** (*sotto*) perché pare sia stato qui che Robert Cushman (pag. 25) abbia contrattato il noleggio del *Mayflower* per conto dei Padri Pellegrini. Tenete la sinistra prendendo Sun Street – di fronte a voi si erge l'ex **Sun Hotel** (pag. 26), dove alloggiò Charles Dickens. Christ Church Gate si trova a pochi passi di distanza.

SOPRA **La pittoresca St. Michael's Chapel nel transetto meridionale, nota anche come Warriors' Chapel (cappella dei guerrieri).**

SOTTO **La luce conferisce una magica bellezza alle torri ed ai pinnacoli.**

evidenti, come anche il miscuglio di stili e gli accorgimenti che i vari muratori hanno utilizzato per far sì che le cappelle laterali dei transetti e delle navate guardassero a est. Lungo il muro esterno della St. Michael's Chapel si nota una piccola sporgenza in pietra che ospita la fine della tomba dell'arcivescovo Stephen Langton (morto nel 1228), che promosse il culto di San Tommaso e ne edificò la tomba. Quando, nel 1430, venne ridotta la St. Michael's Chapel, la tomba dell'arcivescovo era troppo lunga, quindi i piedi furono lasciati fuori!

la vipera. Prima di uscire dalla cattedrale date un'occhiata alla St. Michael's Chapel, nel transetto meridionale. Nota con il nome di Warriors' Chapel (cappella dei guerrieri) perché ospita bandiere reggimentali, contiene anche alcuni splendidi monumenti funebri.

All'esterno, si cammina lungo il lato meridionale della cattedrale dirigendosi verso est: da qui le grandi dimensioni dell'edificio, lungo ben 246 m, diventano

Girando verso ovest intorno alla Corona, al termine della cattedrale, si vedranno le rovine dell'infermeria costruita per il monastero intorno al 1160. Il sentiero che costeggia le rovine conduce ai chiostri attraverso il romantico 'Dark Entry' (ingresso oscuro). Tuttavia se si gira a destra entrando nel corridoio ci si ritrova nella Green Court, racchiusa su tre lati dagli edifici della King's School e sul quarto dalla parete settentrionale della cattedrale – la curiosa

torretta ad arcate forniva ai monaci
acqua corrente dalla cisterna posta sopra
il porticato. Lì vicino si trovano le rovine
dei gabinetti dei monaci, o 'necessarium',
che potevano accogliere 56 persone alla
volta, schiena contro schiena. Nell'angolo
nordoccidentale della Green Court si
trova la famosa scalinata normanna che
conduce alla North Hall, l'ospizio
di carità.

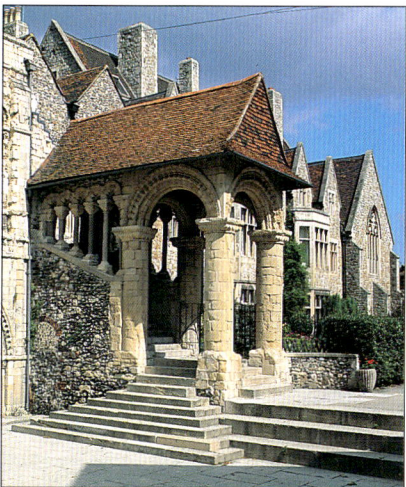

**SOPRA Cercate
questo 'dog kennel'
sul lato meridionale
della cattedrale:
contiene i piedi
dell'arcivescovo
Stephen Langton.**

**SOPRA A DESTRA
Le rovine
dell'infermeria del
monastero
costituiscono una
caratteristica dei
recinti della
cattedrale.**

**A SINISTRA La
scalinata normanna
nell'estremo angolo
settentrionale della
Green Court. La
cisterna terminale,
voluta dal priore
Wibert, un tempo**
occupava un locale
sopra i portici.

**SOPRA Il Mint Yard si
trova nella parte
nordoccidentale della
Green Court e ricorda
la menta che rivestiva
rigogliosa il luogo ai
tempi dei Normanni.**

L'abbazia di Sant'Agostino

Dopo essersi convertito al cristianesimo, il re Ethelbert si rivelò immensamente generoso con Sant'Agostino. Non solo gli diede la terra per fondare la cattedrale e l'abbazia di Christ Church all'interno delle mura, ma lo esortò anche a istituire un'altra grande abbazia benedettina subito fuori dalle mura, a est della cattedrale. Questa abbazia, dapprima dedicata a San Pietro e Paolo, divenne il luogo di sepoltura di re e arcivescovi e si fece rapidamente un nome come centro di erudizione, rinomato per i manoscritti miniati prodotti dai suoi monaci. Nel 978 l'arcivescovo Dunstan, che successivamente fu egli stesso canonizzato, dedicò l'abbazia al suo fondatore, la cui tomba attirava molti pellegrini e numerose opere di carità.

Il normanno Lanfranco, nominato arcivescovo di Canterbury nel 1070, non solo iniziò a ricostruire la cattedrale, ma riorganizzò anche la vita dei monaci di Sant'Agostino, dando inizio a un regime più rigoroso. A questo scopo nominò il francese Scolland, un abate che trovò l'ampio monastero sassone sul punto di crollare. Scolland dette subito il via ai lavori per costruire la nuova abbazia, che continuarono per molti anni dopo la sua morte, avvenuta nel 1087. Con i proventi derivanti dai suoi 4860 ettari di terra, quello di Sant'Agostino era uno dei monasteri benedettini più ricchi di tutta l'Inghilterra, che raggiunse la massima prosperità all'epoca del terremoto del 1382, che peraltro danneggiò la chiesa.

Quando gli emissari di Enrico VIII dichiararono disciolta l'abbazia di Sant'Agostino, nel 1538, essa ospitava solo 30 monaci. Il tesoro dell'abbazia, che comprendeva 2000 libri, venne disperso (soltanto 200 volumi della biblioteca sopravvivono tuttora) e si dette inizio ai lavori di conversione dell'abitazione dell'abate in palazzo reale perché la futura quarta moglie di Enrico, Anna di Clèves, potesse soggiornarvi al suo arrivo dal continente. Molti dei resti in muratura delle altre parti dell'abbazia vennero inviati in Francia e usati per costruire le fortificazioni di Calais. Benché Enrico VIII abbia soggiornato a Canterbury in altre occasioni e sia la regina Elisabetta che il re Carlo I vi si siano recati in visita ufficiale, il palazzo andò in rovina e divenne una proprietà privata, parte

A DESTRA **Dopo la soppressione dei monasteri si fece man bassa di tutto il materiale murario dell'abbazia di Sant'Agostino, risparmiandone soltanto la nuda struttura.**

SOTTO **Il Fyndon Gate rappresentava l'ingresso principale all'abbazia di Sant'Agostino. Realizzato nel 1309, è l'unica parte dell'abbazia rimasta intatta.**

SOPRA Le notevoli bugne del tetto (XII sec.) sono state salvate dalle rovine dell'abbazia.

della quale nel 1826 fu adibita a birreria da William Beer, che vi fece realizzare anche un giardino e un parco. La sensibilità vittoriana era urtata da questo fatto, e quando, nel 1844, la birreria venne messa in vendita, un benefattore la acquistò per istituirvi un collegio missionario. Nel 1947 il collegio chiuse i battenti e da allora l'edificio ospita la King's School. Oggi i resti dell'abbazia sono sotto la tutela dell'English Heritage (ente inglese per i beni archeologici ed artistici) e, insieme alla cattedrale e alla St. Martin's Church, nel 1989 sono stati dichiarati Patrimonio Artistico dell'Umanità.

A DESTRA La Regina Elisabetta I ha festeggiato il suo quarantesimo compleanno nell'abbazia di Sant'Agostino. Questa immagine è la stupenda Armada Portrait (esposta presso la Woburn Abbey nel Bedfordshire).

Tommaso Becket

IL SACERDOTE

Nato nel 1118 da un mercante londinese, Becket si fece notare da Theobald, arcivescovo di Canterbury, subito dopo aver preso i voti, nel 1143. Egli era, a quell'epoca, consigliere dell'arcivescovo al Consiglio di Reims, che lo nominò Arcidiacono di Canterbury e lo raccomandò a Enrico II, che stava dando inizio ad una campagna volta a restaurare il potere della monarchia sulla chiesa. Becket diventò rapidamente il favorito di Enrico, che lo fece cancelliere, e svolse un ruolo fondamentale nell'aumentare l'influenza della corona finché non fu nominato arcivescovo di Canterbury, nel 1161.

SOPRA **L'altare del Sword's Point si trova nel transetto settentrionale della cattedrale accanto al punto in cui venne ucciso l'arcivescovo Tommaso Becket.**

Pochi uomini hanno cambiato orientamento politico così nettamente quanto Becket, che si trasformò da allora in poi un accanito oppositore del re, divenendo il più grande promotore dei privilegi della chiesa. La questione giunse a una prima conclusione nel 1163, quando Becket venne accusato di tradimento e dovette abbandonare il paese. Il suo esilio durò sette anni, mentre infuriava la lotta tra l'arcivescovo, il papa e il re, e i beni dell'Abbazia di Christ Church e della cattedrale di Canterbury entrarono a fiotti nei forzieri della corona. Nel giugno 1170 si giunse a un timido compromesso tra Enrico e Becket e quest'ultimo tornò in fretta e furia in Inghilterra per assicurarsi che la chiesa non venisse completamente sopraffatta dal potere dello stato. In questo aveva il sostegno della gente del popolo, ma veniva contrastato sia dal clero che dal governo: trovò persino i monaci di Canterbury contro di lui e dovette nominare un nuovo priore. Nel frattempo, mentre era in Francia il re era venuto a sapere che Becket era in libertà in Kent, e che con ogni probabilità stava radunando un esercito. Il giorno di Natale

Geoffrey Chaucer, 'il padre della poesia inglese' nacque a Londra intorno al 1340. Per un breve periodo suo padre lavorò come maggiordomo presso la casa reale e grazie alla sua influenza Chaucer in seguito diventò 'l'amatissimo valletto' di Edoardo III. Il re lo inviò in missioni all'estero che gli permisero di conoscere la letteratura francese e quella italiana. Quando Riccardo II salì al trono, Chaucer perse in breve la sua influenza a corte e così trovò il tempo di scrivere i *Racconti di Canterbury*, che iniziò nel 1387 circa, ma non portò mai a termine. Decaduto il 25 ottobre 1400, fu il primo poeta ad essere sepolto nell'abbazia di Westminster, in quello che poi prenderà il nome dell''angolo dei poeti'.

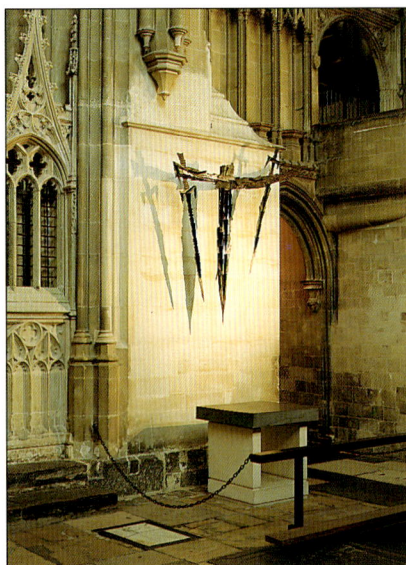

A SINISTRA **Copia del dipinto medievale che ritrae l'assassinio di Tommaso Becket. L'originale (molto sciupato) è visibile sulla tomba del Re Enrico IV.**

A DESTRA
I pellegrini di Canterbury: dipinto da Thomas Stothard R.A. nel 1817, è ora esposto presso la Royal Museum and Art Gallery.

SOPRA **L'assassinio di Tommaso Becket raffigurato in questa bugna della navata della Exeter Cathedral (1340 circa), a dimostrazione della rapidità con la quale la sua fama si diffuse in ogni parte del Regno.**

A DESTRA **Questo ritratto di San Tommaso Becket (XIII sec.) si trova in una delle vetrate che si affacciavano sulla sua tomba nella Trinity Chapel all'estremità orientale della cattedrale.**

ESTREMA DESTRA **Il re Enrico II, un tempo amico di San Tommaso Becket, amaramente pentito delle dure e rabbiose parole che causarono la morte dell'arcivescovo.**

Enrico andò su tutte le furie con i suoi cortigiani accusandoli di aver permesso a un uomo di chiesa di umili natali di trattarlo con disprezzo. Quattro dei suoi cavalieri interpretarono tale sfogo come un ordine regio e salparono per l'Inghilterra con l'intento di arrestare Becket.

Quando i cavalieri lo affrontarono nella cattedrale, il 29 dicembre, egli li sfidò con placida fede e coraggio finché, resistendo ai loro tentativi di trascinarlo fuori dalla cattedrale, non li indusse a far uso della spada. Un monaco, Edward Grim, cercò di parare il primo colpo, ma la pesante spada gli tagliò quasi completamente il braccio in due e colpì ugualmente la testa di Becket, ferendolo gravemente al cuoio capelluto. Becket rimase in piedi, la testa chinata, finché altri colpi alla testa non lo obbligarono ad inginocchiarsi e a dire 'In nome di Gesù e in difesa della sua chiesa, sono pronto ad abbracciare la morte.' A

quel punto, per condividerne la responsabilità, ognuno dei cavalieri colpì nuovamente Becket alla testa e fuggì, lasciandolo con la calotta cranica separata dal cranio (da qui il significato della Cappella della 'Corona', calotta cranica in inglese, costruita successivamente all'estremità orientale della cattedrale, vedi pag. 15).

La morte di Becket rappresentò un punto di svolta nella storia dell'epoca. Quasi immediatamente venne acclamato come martire e le sue reliquie cominciarono ad essere venerate per il potere di curare malattie inguaribili. Il re, pieno di sensi di colpa e di rimorsi per l'assassinio, nel 1174 si recò a Canterbury e si fece flagellare fino alla tomba di Becket dagli 80 monaci dell'abbazia della cattedrale. La chiesa mantenne la sua indipendenza dalla corona finché Enrico VIII non istituì la fede protestante nel 1536.

KING HENRY THE II.

Chiese e monaci

Nel periodo di maggiore prosperità, nel Medio Evo, all'interno delle mura della città si contavano 22 chiese, mentre subito fuori le mura si ergevano le chiese di St. Dunstan e di St. Martin. Di tutte le chiese di Canterbury, quella di

IL MEDICO

St. Martin è la più interessante. È quasi certamente la chiesa dove la regina Bertha andava a pregare prima dell'arrivo di Sant'Agostino, e mattoni d'epoca romana sono stati usati sia nella navata che nel coro e nel presbiterio, che tuttavia presentano anche caratteristiche sassoni. All'altro capo della città, nei pressi del castello, si trova la chiesa di **St. Mildred**, che vanta anch'essa laterizi romani e benché sia stata danneggiata dall'incendio del 1246, ciò che rimane è sufficiente per provare che gli abitanti di Canterbury la frequentavano in epoca sassone.

Holy Cross Church in origine si trovava oltre il West Gate, ma venne ricostruita accanto a un nuovo ingresso della città eretto dall'arcivescovo Sudbury intorno al 1375. Al contrario del Gate, fatto di chiara arenaria dura, la chiesa, che attualmente ospita la camera di consiglio di Canterbury, è un edificio in pietra di selce scura. La **chiesa di San Pietro**, piacevole edificio di piccole dimensioni, nascosto dietro alcune case di epoca di poco posteriore, si trova

SOTTO Santa Mildred era una principessa sassone che si fece monaca e morì all'incirca nell'anno 700. Venne canonizzata e l'abbazia di Sant'Agostino ne ospitava la tomba e le reliquie. La chiesa che porta il suo nome sorge in un verdeggiante cimitero accanto al castello.

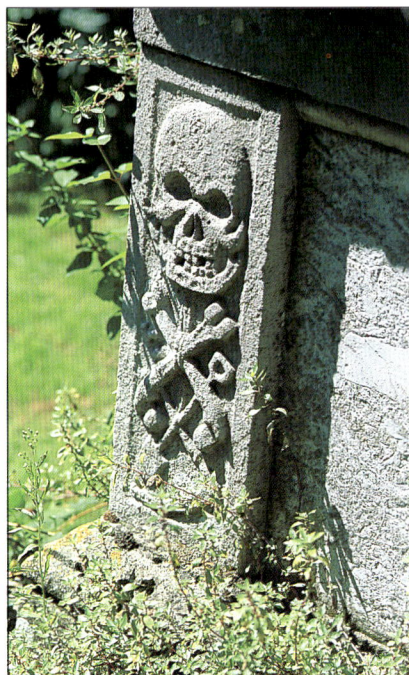

ESTREMA SINISTRA **St. Martin si trova al di fuori delle mura cittadine vicino alla prigione di Canterbury ed è la chiesa più antica della città. Si racconta che la Regina Bertha si fermasse a pregare nella chiesa di St. Martin prima della conversione del marito, Re Ethelbert, ad opera di Sant'Agostino.**

A SINISTRA **Vecchie lapidi ancora visibili nell'ex cimitero della Holy Cross Church.**

più in centro. Risale all'epoca normanna, benché gran parte dell'edificio sia dei primi anni del XIV secolo. L'interno è sorprendentemente spazioso, con oggetti antichi come la tavola armonica sopra il pulpito.

Altre due chiese, oltre ad Holy Cross, oggi sono adibite a scopi laici. La **chiesa di St. Margaret**, nel cuore della città, ospita uno spettacolo audiovisivo che descrive i **Racconti di Canterbury** di Chaucer. La chiesa è stata restaurata nel

SOPRA **La chiesa di St. Peter dà il nome ad una delle principali strade di Canterbury. Migliaia e migliaia di pellegrini devono aver camminato faticosamente per raggiungere questa modesta chiesa in selce, tuttora utilizzata per i servizi religiosi.**

A SINISTRA **La chiesa di St. Margaret ospita oggi uno spettacolo audiovisivo sui Racconti di Canterbury.**

A DESTRA **Questo piccolo edificio del 1267, accanto al fiume Stour, è tutto ciò che rimane del monastero francescano dei Greyfriars (Frati Bigi).**

XIX secolo dopo che il coro e il presbiterio erano stati drasticamente mozzati per permettere alle diligenze di percorrere la strada. La chiesa di **St. Alphege**, in Palace Street, risalente al XII secolo, è oggi un centro studi dove vengono esposti i manufatti degli artigiani di Canterbury.

A 50 anni dalla morte di Becket (quando San Francesco era ancora in vita) i **Francescani** (detti Greyfriars, vale a dire 'frati bigi') fondarono un convento a Canterbury, il primo in Inghilterra. Tutto ciò che rimane è un piccolo edificio a due piani a cavallo del fiume, dietro il Poor Priests' Hospital (il Heritage Museum). Circondato da un prato pieno di fiori di campo, è il più affascinante dei tesori segreti di Canterbury, dove durante l'estate il mercoledì all'ora di pranzo si celebra l'Eucarestia.

Continuando verso valle, si trova la casa dei **Domenicani** (detti Blackfriars, vale a dire 'frati neri'), anch'essa su entrambe le rive del fiume. Il refettorio costruito nel 1260 è ancora in piedi, come anche alcune parti della foresteria, sulla riva opposta del fiume Stour. Gli **Agostiniani** (Whitefriars, vale a dire 'frati bianchi') furono il terzo degli ordini più importanti a stabilirsi a Canterbury. La loro chiesa, che si trovava vicino a quella di St. George, venne distrutta dai bombardamenti del 1942, anche se il nome sopravvive nel centro commerciale Whitefriars che vi è stato edificato.

Robert Cushman era il garzone di un droghiere di Canterbury che svolse un ruolo fondamentale nel viaggio in America intrapreso dai Padri Pellegrini nel 1620: fu lui infatti che negoziò il noleggio del *Mayflower* in una casa di Palace Street. Con la famiglia, alla fine, raggiunse l'America a bordo del *Fortune*, nel 1621. In Palace Street abitava Philippe de la Noye, che salpò con Cushman sul *Fortune*. Una volta stabilitosi a New Plymouth, cambiò il suo nome in Delano. Il presidente Franklin Delano Roosevelt era un suo discendente.

Edifici storici

IL SIGNOROTTO

Canterbury è famosa per alcuni monumenti d'epoca medievale, ma l'atmosfera che vi si respira deriva dalle centinaia di abitazioni più umili che conferiscono alle strade della cittadina il fascino e la bellezza caratteristici. Non tutte sono di epoca medievale o Tudor: se vi allontanate dalla folla che riempie il centro città, scoprirete residenze in stile georgiano nonché file di villette a schiera in stile vittoriano del primo periodo, con un fascino perfettamente conservato. Molti dei più antichi edifici di Canterbury si nascondono dietro facciate aggiunte all'epoca in cui l'antichità non veniva ancora considerata una qualità. Nel XIX secolo ad esempio i rivestimenti di laterizi verticali 'matematici' erano una tecnica molto diffusa per conferire un aspetto moderno agli edifici antichi, in modo che sembrassero costruiti in mattoni (restano esempi interessanti in High Street e Butter Market).

Nel corso dei secoli, la maggior parte delle antiche abitazioni della città hanno subito cambiamenti sia nell'aspetto sia nell'utilizzo. Le **Old Weavers' Houses** (vecchie case dei tessitori) che si affacciano su Eastbridge, o meglio su King's Bridge all'estremità settentrionale di High Street, non fanno eccezione. È qui che furono costruite le prime capanne dell'insediamento che poi avrebbe preso il nome di Canterbury. Nel XII secolo in questo punto sorgeva un grande pensionato e oggi sono ancora visibili alcune parti di questa costruzione, benché inglobate in strutture successive. Verso la metà del XVI secolo, i rifugiati Ugonotti adattarono l'abitazione medievale in modo che grandi finestre illuminassero i telai con i quali lavoravano. La bassa porta normanna sul lato opposto della strada conduce all'**Eastbridge Hospital**, originariamente ricovero per viaggiatori, trasformato in ostello per pellegrini prima del 1180. La cripta e

Sappiamo che quando nel XIX secolo Charles Dickens visitò Canterbury, alloggiò al Sun Inn, ma il nome dello scrittore è associato soprattutto a una delle più belle costruzioni in legno della città, la House of Agnes di St. Dunstan's. Si tratta infatti della 'vecchissima casa che sporgeva sulla strada' di *David Copperfield*, dove il giovane eroe alloggia con Wickfields quando frequenta la scuola del Dr. Strong.

SOPRA A SINISTRA La costruzione del XV secolo, nota come Queen Elizabeth's Guest Chamber, un tempo faceva parte della Crown Inn, ma scarse sono le testimonianze riguardo al fatto che la cosiddetta "Virgin Queen" ne fosse davvero la sostenitrice. I Cupidi di Bacco sono stati aggiunti alla facciata nel 1663.

A SINISTRA La cripta del XII secolo dell'Eastbridge Hospital, fondato prima del 1180.

A DESTRA Una delle grottesche statue lignee che ornano la Tudor House in Palace Street.

ESTREMA DESTRA La casa di Sir John Boys (nell'angolo dove Palace Street s'interseca con King Street) con la famosa porta pendente. L'edificio s'inclinò durante i lavori di modifica di un camino interno.

SOTTO La Conquest House venne costruita sopra una cantina normanna: si ritiene che qui si siano radunati gli assassini di Tommaso Becket prima di affrontare l'arcivescovo dall'altra parte della strada. La sua facciata in stile Tudor si distacca dall'edificio medievale.

l'ingresso, di notevole fattura, sono di quest'epoca, nonostante la cappella ed il tetto a capriate risalgano al tardo Trecento.

Lì accanto, in High Street, si trova la **Queen Elizabeth's Guest Chamber** (Camera della Regina Elisabetta), secondo molti la più bella costruzione medievale in legno della città. Il nome è fuorviante, poiché la regina durante la visita ufficiale del 1573 alloggiò nel palazzo reale di Sant'Agostino e all'epoca la camera faceva parte del Crown Inn (Locanda della Corona). Ma l'edificio ha comunque una sua importanza storica in quanto proprio qui la regina si incontrò con un pretendente che lei rifiutò, il Duc d'Alençon, figlio di Caterina de' Medici, regina di Francia. La decorazione esterna in stucco raffigura due cherubini piuttosto brilli

seduti su dei barili di vino in mezzo alle viti.

Palace Street vanta un numero eccezionale di antiche abitazioni, soprattutto sul lato occidentale, di fronte al Palazzo dell'arcivescovo da cui prende il nome. Dirigendosi verso nord da Sun Street, la prima degna di nota è la **Tudor House** (nota anche con il nome di **St. Alphege's Priest's House**, ovvero casa del sacerdote di St. Alphege), riconoscibile per le spaventose bestie scolpite sulle mensole che sostengono la sporgenza del tetto. Più oltre si trova la **Conquest House** (casa della conquista), oggi un negozio di antiquariato, nella cui cripta pare si siano riuniti i cavalieri prima di recarsi nella cattedrale ad uccidere Becket. Ci sono poi numerosi altri piacevoli edifici, come la **Sir John Boys' House** all'angolo. Con la porta messa di sghembo e una pendenza che può rivaleggiare con quella della torre di Pisa, si tratta probabilmente di una delle case più fotografate di tutto il Regno Unito. Sir John Boys fu il primo Archivista di Canterbury e servì cinque arcivescovi in qualità di Gran Cerimoniere.

All'altro capo della città, appena all'interno delle mura, sorgono i resti del **castello** normanno. Utilizzata per anni come deposito di carbone, la struttura è gravemente deteriorata, e non rimane niente dell'originale rivestimento in pietra.

Musei e gallerie d'arte

LA DONNA DI BATH

I quattro musei di Canterbury sono situati in centro e offrono un'ampia introduzione allo sviluppo e alla storia della città.

Il **Canterbury Heritage Museum** (museo della storia di Canterbury), in Stour Street, occupa un edificio medievale in selce che in passato era la residenza di un usuraio del XII secolo notoriamente avido, nonché del Poor Priest's Hospital, di un ospizio e un orfanotrofio. Oggi è un interessante museo dove la 'passeggiata nel tempo' vi conduce attraverso la storia di Canterbury dai primi insediamenti ai raid aerei della seconda guerra mondiale.

Lungo il percorso sono esposti molti inestimabili tesori, tra cui un pendente d'oro che pare sia stato indossato da una principessa anglosassone e l'*Invicta*, la locomotiva di Stephenson che nel 1830 trainò uno dei primissimi treni passeggeri. C'è

anche una collezione di pubblicazioni e ricordi dell'orsetto Rupert.

L'epoca romana viene esplorata nel dettaglio al **Roman Museum** (museo romano) di Butchery Lane. I visitatori discendono al livello di una strada del II secolo e possono vedere le ricostruzioni dei negozi della piazza del mercato e degli appartamenti di una grande residenza di città che un tempo sorgeva proprio lì. Un bel pavimento a mosaici miracolosamente sopravvissuto alle costruzioni che si sono succedute nel corso dei secoli e ai bombardamenti del 1942 rappresenta il pezzo forte del museo. I giovani visitatori si divertiranno con i giochi che amavano i bambini romani 1600 anni fa nonché nel maneggiare oggetti d'artigianato autentici nella sezione 'toccate con mano il passato'.

Il **West Gate**, risalente al 1375 circa, è la parte più interessante delle antiche fortificazioni della città conservatisi sino ad oggi. È l'unico degli otto ingressi originali ancora in piedi più che altro perché dal XV secolo al 1829 è stato utilizzato come prigione. Dagli spalti merlati, che in alcuni punti sono sporgenti perché i difensori potessero gettare più facilmente liquidi bollenti sui nemici, si

SOTTO **Questo stupendo pendente sassone venne alla luce solo nel 1982. La croce in oro è circondata da un'intricata composizione di graniti.**

CANTERBURY MUSEUMS COLLECTION ©

A DESTRA **Il Canterbury Heritage Museum, in Stour Street, occupa quello che un tempo era il Poor Priests' Hospital, un edificio medievale in selce che tuttora conserva intatto il "monaco", l'elemento centrale verticale della capriata.**

CANTERBURY MUSEUMS COLLECTION ©

SOPRA **L'*Invicta*, la locomotiva costruita da Stephenson nel 1830 per il tratto ferroviario Canterbury-Whitstable.**

A DESTRA
Qui si può ammirare il pavimento a mosaici del Roman Museum. Sono inoltre esposti anche altri manufatti.

Mary Tourtel, creatrice del famoso orsacchiotto dei cartoni animati, Rupert, nacque al numero 51 di Palace Street, a Canterbury, il 28 gennaio 1874. Il primo fumetto fu pubblicato sul *Daily Express* dell'8 novembre 1920 e da allora in poi Rupert è rimasto un ospite d'eccezione del quotidiano. Tourtel sposò un redattore serale dell'*Express* che era anche poeta e così da quel momento l'artista continuò a disegnare fumetti, mentre il marito si occupava di scriverne i versi. Un importante cambiamento avvenne negli anni '30, quando Rupert iniziò a indossare una felpa rossa invece della tradizionale felpa blu. Nel corso degli anni le avventure di Rupert sono state disegnate da numerosi artisti di rilievo.

A DESTRA Dagli spalti del West Gate Museum i visitatori possono godere una splendida vista sulla città.

gode di una magnifica vista sulla città. Il piccolo museo racconta la storia del passato più violento di Canterbury, esibendo armi e armature nonché manette e antichi patiboli, ricordi del tempo in cui il Gate serviva da prigione.

Il Royal Museum and Art Gallery

(museo e galleria d'arte reale) occupa il primo piano della costruzione in legno e muratura del Beaney Institute, in High Street. Cittadino di Canterbury che fece fortuna in Australia, Beaney nel 1897 finanziò la ricostruzione dell'edificio per ospitare una biblioteca, un museo e una galleria d'arte. Oggi le sale del museo espongono la collezione di dipinti della città di Canterbury. Una sala è dedicata al pittore vittoriano Tommaso Sidney Cooper, vissuto a Canterbury e famoso per gli studi sul bestiame, mentre un'altra ospita mostre temporanee. Sono inoltre esposti begli oggetti decorativi, spesso di produzione locale. Anche il museo del reggimento locale (i Buffs) che nel 1966 venne incorporato nel Reggimento della

Regina, si trova nello stesso edificio e ne testimonia il lungo e glorioso passato. L'ingresso al Royal Museum and Art Gallery è gratuito.

La **Canterbury Tales Visitor Attraction** (i Racconti di Canterbury) si trova nella chiesa medievale di St. Margaret, nei pressi dell'Ufficio Informazioni Turistiche di St. Margaret's Street. Si tratta di un'esperienza audiovisiva che permette ai visitatori di unirsi ai pellegrini di Chaucer nel loro viaggio dal Tabard Inn di Londra alla tomba di San Tommaso a Canterbury. La più moderna tecnologia fornisce le immagini, i suoni e persino gli odori dell'Inghilterra trecentesca, mentre i pellegrini raccontano le loro storie, alcune tragiche, altre comiche. I commenti sono disponibili in sei lingue oltre all'inglese e c'è anche una versione per bambini (però solo in inglese).

SOTTO L'imponente facciata vittoriana del Royal Museum and Art Gallery.

Ulteriori informazioni

IL CUOCO

Tourist Information Centre (ufficio informazioni turistiche)

Offre le più svariate informazioni su Canterbury e dintorni, compresi opuscoli gratuiti e una vasta scelta di libri. Il personale, gentile e disponibile, è sempre a disposizione per rispondere alle domande dei visitatori.
St. Margaret's Street, 34 (tel. 01227 766567). Aperto da Pasqua al 31 ottobre dalle 9:00 alle 17:30; da novembre a Pasqua dalle 9:30 alle 17:00.

Cattedrale di Canterbury

La magnifica cattedrale medievale è la principale attrattiva di Canterbury. Nella cattedrale è permesso scattare fotografie per uso privato a condizione che se ne acquisti preventivamente l'autorizzazione, ad eccezione della Cripta, luogo di meditazione e preghiera.
Aperta ai visitatori da Pasqua al 30 settembre dal lunedì al sabato dalle 9:00 alle 19:00, la domenica dalle 12:30 alle 14:30 e dalle 16:30 alle 17:30; dal primo ottobre a Pasqua dal lunedì al sabato dalle 9:00 alle 17:00, la domenica dalle 12:30 alle 14:30 e dalle 16:30 alle 17:30. La cripta è aperta dal lunedì alla domenica dalle 10:00 alle 16:30. Ai visitatori può essere chiesto di uscire durante la mezz'ora precedente gli orari di chiusura suindicati o prima dell'inizio delle funzioni. L'accesso è limitato durante le funzioni. Visite guidate e audio disponibili in numerose lingue. Le visite guidate si svolgono a intervalli regolari durante tutta la giornata. Ingresso a pagamento al recinto dalle 9:00 alle 17:00 (tel. 01227 762862).

Funzioni religiose

*Domenica
Comunione: 8:00
Mattutino (parlato o cantato dagli allievi della King's School): 9:30
Eucarestia cantata con sermone: 11:00
Funzione ugonotta in francese: 15:00
Vespro con canti corali: 15:15
Funzione serale con sermone: 18:30.*

*Giorni feriali
Tutti i giorni: 8:00 (anche mercoledì alle 11:00, giovedì alle 18:15, feste dei santi più importanti 10:15 (cantata))
Mattutino: 7:30 (sabato anche 9:30)
Vespro con canti corali: 17:30 (sabato anche 15:15).*

Canterbury Heritage Museum (museo della storia di Canterbury)

Esposizioni che illustrano tutti gli aspetti della lunga storia della città, dall'età del ferro all'età del vapore.
Stour Street (tel. 01227 452747). Aperto dal lunedì al sabato dalle 10:30 alle 17:00; da giugno alla fine di ottobre anche la domenica dalle 13:30 alle 17:00.

The Canterbury Tales (i Racconti di Canterbury)

Esplorazione audiovisiva del mondo di Geoffrey Chaucer e dei pellegrini di Canterbury.
St. Margaret's Street (tel. 01227 454888). Aperto tutti i giorni dalle 9:00 alle 17:30 (verificare eventuali variazioni stagionali).

Passeggiate di Canterbury

Ogni giorno passeggiate tematiche della durata di un'ora e mezzo circa, organizzate dalle guide ufficiali della Canterbury Guild of Guides, con partenza dal Tourist Information Centre. In francese, tedesco, italiano, olandese e spagnolo.
Canterbury Guild of Guides (tel. 01227 459779). Passeggiate guidate da marzo alla fine di ottobre.

Royal Museum and Art Gallery (museo e galleria d'arte reale)

Bella esposizione permanente di dipinti, molti di artisti locali, nonché di opere contemporanee e temi storici locali. Il Regimental Museum del Royal East Kents ripercorre l'emozionante storia del famoso reggimento e presenta anche sezioni dedicate alla storia e all'archeologia.
High Street, Canterbury (tel. 01227 452747). Aperto dal lunedì al sabato dalle 10:00 alle 17:00.

SOTTO Originali sculture arboree nel Solly's Orchard vicino al St. Radigund's Bridge.

SOTTO A SINISTRA L'ufficio informazioni turistiche (Tourist Information Centre) si trova in St. Margaret's Street.

SOPRA **Suonatori in High Street, in estate.**

A DESTRA **Il fiume Stour scorre attraverso i variopinti Westgate Gardens, donati alla città nel 1936.**

Abbazia di Sant'Agostino
Nuovo museo, gestito dall'English Heritage, che ripercorre la storia dell'abbazia dal 598 d.C. ed espone i reperti archeologici rinvenuti durante gli scavi. Visite audio disponibili.
Longport (tel. 01227 767345). Aperto tutti i giorni dalle 10:00 alle 18:00; da novembre a fine marzo tutti i giorni dalle 10:00 alle 16:00.

West Gate Museum (museo dell'ingresso occidentale)
Dagli spalti si gode una splendida vista della città, mentre il museo illustra la movimentata storia dell'edificio.
St. Peter's Street (tel. 01227 452747). Aperto dal lunedì al sabato dalle 11:00 alle 12:30 e dalle 13:30 alle 15:30.

Roman Museum (museo romano)
Nel luogo in cui sorgeva una cosa romana di cui si conserva il pavimento a mosaici originale, ricostruzioni di stanze e bella collezione di manufatti rinvenuti durante gli scavi.
Butchery Lane (tel. 01227 785575). Aperto dal lunedì al sabato dalle 10:00 alle 17:00; da giugno a ottobre anche la domenica dalle 13:30 alle 17:00.

Canterbury Environment Centre
Situato nella chiesa di St. Alphege, con mostre che illustrano la storia della città attraverso l'artigianato locale. Ottimi libreria e caffè.
St. Alphege Lane (traversa di Palace Street) (tel. 01227 457009). Aperto dal

mercoledì al sabato dalle 10:30 alle 17:30.

Chaucer Centre (centro Chaucer)
Caffè, più laboratorio di artigianato, negozio di articoli da regalo e mercato dell'antiquariato il sabato.
St. Peter's Street (tel. 01227 470379). Aperto tutti i giorni dalle 10:00 alle 17:00.

Eastbridge Hospital (ospedale di Eastbridge)
Ostello per i pellegrini del primo medioevo, attualmente parte di un ospizio di carità. Cripta normanna, cappella e refettorio medievali.
High Street (tel. 01227 471688). Aperto da maggio a ottobre dal lunedì al sabato dalle 14:00 alle 16:00.

SOTTO **La cappella dell'Eastbridge Hospital, forse fatto costruire da San Tommaso Becket.**

Greyfriars (Frati Bigi)
Pittoresco edificio francescano a cavallo del fiume Stour.
Non lontano da Stour Street (a destra arrivando all'Heritage Museum da High Street) (tel. 01227 763226). Aperto da metà maggio a ottobre dal lunedì al sabato dalle 14:00 alle 16:00; eucarestia il mercoledì alle 12:30.

Herbfarm Perfumery (profumeria-erboristeria)
Museo del profumo ancora in attività, spaccio aziendale e Aroma World. Rinfreschi.
Broad Oak Road (tel. 01227 458755). Aperto dal lunedì al sabato dalle 9:00 alle 17:00; da maggio a dicembre anche la domenica dalle 10:00 alle 16:00.

Howletts Wild Animal Park (giardino zoologico Howletts)
Ospita la più grande colonia di gorilla del mondo e molte altre specie in via di estinzione.
Bekesbourne (tel. 01227 721286). Aperto tutti i giorni in estate dalle 10:00 alle 17:00, in inverno dalle 10:00 alle 15:30.

Manifestazioni
Festival del Cricket di Canterbury
Inizio di agosto: due settimane di cricket al St. Lawrence Ground
(tel. 01227 456886 per il calendario sportivo).

Festival di Canterbury
Metà di ottobre: due settimane di festival delle arti con manifestazioni di tutti i tipi, dagli spettacoli operistici ad alto livello fino a produzioni locali
(tel. 01227 452853).